Marion Jana Goeritz

Goldener Kelch

vom Silberlicht

Bibliografische Information der Deutschen Nationalbibliothek:

Die Deutsche Nationalbibliothek verzeichnet diese Publikation in der Deutschen Nationalbibliografie; detaillierte bibliografische Daten sind im Internet über http://dnb.dnb.de abrufbar.

Herstellung und Verlag: BoD – Books on Demand, Norderstedt

ISBN: 978-3-7526-2608-7

Herzlich Willkommen
liebe Leser,

Inspirationen können wir
auf unterschiedliche Weise
erlangen· Inspiriert werden
wir jedoch nur, wenn das,
was wir wahrnehmen, mit
unserem Gefühl kommuni-
ziert· Ganz gleich, ob wir
es so verstehen, wie ge-
meint oder ob unsere Seele
eigene Empfindungen zu

dem Wahrgenommen entwickelt und wir auf diese Weise sogar verstehen könnten.

Herzlichst

Marion Jana Goeritz

Rosafarbener Kelch
samtweich,
trägt ein Geschenk
der Nacht.
Der Sternenglanz funkelt
noch an gläserner Wand,
spiegelt sein Licht
zur Seelenmitte zurück.
Genießen die Augenblicke,
die beständig fließend
scheinen, ein wohl stiller
Trank der keinen Namen
verlauten lässt.
Doch das Licht

der Seelenmitte
schenkt Freiheit allem,
was verborgen,
sodass Heilung
geschehen kann.

Bevor ein großer Traum
zur Erfüllung gereicht,
leben wohl seine Kinder
zuvor in manch anderen
Licht.
Kelche flanieren
durch Raum und Zeit,
in unterschiedlichen Farben.
Oh Seele, manch Hort
zu begreifen, der sich Liebe
nennt, daran zerbricht
womöglich ein Glaube.

Ist das Rad geschmückt
mit grünem Blatt,
mit Herzchen rot,
mit Kelch sogar, wird es
gelingen ganz egal,
welche Richtung, welche
Zeit?
Die Seelen
finden zum Augenblick, der
Großes verspricht.
Selbst ein Glaube,
wenn er scheitert,
sie werden staunen·

In tiefen Ozeanen erstrahlt
ihr voller Glanz.

Sie fühlen sich frei,
unbekümmert,
springen im Feld.
Das Grün ihrer Wege
helle Glockenklänge,
ihre Seelenmitte
ein Rosafarbenes Fest.

Große Wirkung kleines Blatt
belebend hell
erzählst du schon.
Momentaufnahmen
Seelenglück
und grünes Licht
fällt ihnen zu.
Erblickt die Räder,
die sie ziehen.
Erblickt nur
diese Farbenpracht
und doch müssen sie selbst
die Wege ergehen, so ist

ihr Leben, dann wird es vollbracht.

Lila Schwingen
auf roten Stäben bewegen
sich im Rad des Lebens.
Was findet statt?
Der goldfarbene Stab,
er ist lose, wird er
geschwungen von der
eigenen Seele?

Neun Kelche übervoll,

erzählen doch so viel·

Ist das Grün

in ihnen gesättigt,

flüstert die Liebe,

es erwächst aus ihnen ein

Blumenbeet für immer·

Hoch zu Ross, da sitzt ein
Herr mit Krone und mit
Zepter.
Sein Mantel berührt den
Boden fast, ein Lachen im
Gesicht trägt er und hält
die Truhe aus purem Gold
nicht länger mehr
verschlossen.
Ihr Herz, es tanzt
vor lauter Freude, auch ihr
Seelentanz bewegt,

winkend schaut sie in seine
Augen, sein Weg hat sich
gelohnt.

Flackernde Lichter, Muster
erwählt, behutsam,
freundlich, begeisternd.
Alles hat eine bestimmte
Zeit, die Farben, das Licht,
doch es zu meistern, dazu
braucht es des Menschen
Willen.
Wenn manches auch
unabdingbar erscheint, dann
hat es wohl einen Sinn.
Diesen zu erkennen
das wäre ein großes Ziel.

Zaubertropfen perlen ab
auf des Kelches hellen Fuß.
Es scheint die Quelle des
Lebens zu sein, im Licht
aus Tausend Farben.
Besonders geborgen,
Wahrheit, Glück
und Fülle auch.
Heute und im Morgen.
Und wenn sie es dankend
gut bewahren, bleibt die
gute Fülle für immer
in ihrer Zeit, das dürfen
sie erfahren.

Im Fortschritt
liegt auch Vergangenheit,
sonst hätten sie
nicht verstanden.
Ein Licht, das wärmend
strahlt, hütet meist kein
Geheimnis, es ist
die Klarheit die so strahlt.

Bunte Schwingen,
doch gelber Schein· Einklang
mit zentrierten Kräften·
Stark und mutig auch
zugleich Liebe wohnt im
Herzen·
Einen Kelch bewusst
in Empfang genommen·
War er befüllt oder leer?
Auf einem roten Tischtuch
glänzen Perlen, die eine
Seele Nachts geweint·

Ein Wunsch der Freiheit
ist wohl das Fühlen "Was
wäre wenn?"
Und im Zuge dessen
zeigen sich kleine Wunder,
harmonisches Empfinden
und Kreativität.

Blumenzauber,
bunte Blüten,
Wunscherfüllung
für manches Gefühl·
Manchmal schenkte er sich
nach Unklarheiten, ging auf
die Reise um die Welt·
Heute schenkst du
ein Lächeln, das Bunt,
das Grün es spricht·
Blumenzauber,
deine Knospen erblühen in
seinem Herzenslicht·

An einem Ort,
auf einen Platz, eine Feder
weiß, eine Feder weiß.
Verloren beim Fliegen, beim
Frieden verstreuen, einfach
so zu einer Zeit.
Ein Kind hebt sie auf,
nimmt sie an, drückt sie
fest an sein Herz, sein
Herz.
Die Seele, die Seele erfreut
sich daran und hüpft und
hüpft ohne Schmerz, ohne
Schmerz.

Wenn sie wandeln,
verwandeln sie Zerrüttung
in Harmonie, Sorge
in Frieden, Angst in Liebe·

Manche Seelen
passen zusammen, das kein
Blatt Papier durch fasst.
Farben Faszination,
Zusammenspiel. Herzen,
leben in ihrer Zeit, die
geführt von Wort, auch
Wille,
dem Gefühl das Liebe
spricht.
Tiefer Sinn, wo bist du
versteckt, wer hat dich ins
Leben hinab gesenkt?

Die Suche, jeder Tag ein
Lichtkompass.

Was wird diese Erfahrung
lehren?
Vertrauen in Liebe,
Vertrauen ins Leben.

Mancher Schal zwischen
Seele und Körper
hält Geschichten in seinem
eigenen Licht gefangen, das
der Mensch verstehen
lernen darf, wenn er
darüber spricht.

Die unerschöpfliche Sattheit
des Glücks, unendliche
Weiten in der Seele hellem
Licht·
Entfesselt der Kelche
Nahrung, lässt sie erblühen·
Intensives Farbspektrum
geboren durch den eigenen
Weg zum Ziel·
Rote Blüte, dein Grün der
Heilung ist Geschehen·

Herzenswege durchdringen
das Eis der vergangenen
Zeit, das den Kelch einer
Seele versteckte.
Sehnsuchtsvoll ruft sie das
Leben in sich wach.
Wagemut schmückt nun die
einstigen Widerstände mit
seiner Farbenpracht.
Der Weg, wird einer sein,
der vieles in sich birgt, bis
hin zum Ziel wird er
gereicht.

Auf schnellem Fuße soll es
gelingen, auf schnellem Fuß
kann es verloren sein.
Einen neuen Morgen wird
es geben, mit Licht, auch
Schatten, ist er auch klein,
der Kelch wird
bezeugen in allen Zeiten,
ob das Licht wird
der Sieger sein.

Ziehen auch Kelche ihrer
Wege, die gelben Farben
haften noch an.
Irgendwo in zwei Leben,
erzählen eine Frau, auch ein
Mann "Gute Zeit, kein
Abschiedslied, Dankbarkeit
erzählt· Die Liebe sie wird
immer siegen, auch wenn
jeder Kelch es anders lebt·"

Grünes Feld dir entspringen

junge Sprossen.

Deine Farben endlos rot.

Gelbe Sonnen verdichten

Leben,

Sichtbarkeit tut so gut.

Goldenes Kleid im hellen
Raum, Flügel aus Silber
bewegen sich·
Geheimnisvoll erzählt ein
Licht der Seele
von fruchtbarem Boden·
Stille berührt so sanft und
eine Frage stellt sich leise
"Nur verletzter Stolz?"
So mögen Silberflügel sanft
ihn streicheln·
Die Liebe spricht von
Wahrheit, auch von

Vertrauen, nie vom Leiden,
davon sprach nur er.

Auf einer der Höhen der
weiten Welt, sitzt sie im
Angesicht Gottes.
Eine Seele mit hellem
Schein, fühlt den Kelch des
Lebens.
Altes Holz so wunderschön,
dein Weg so weit wie der
ihre.
Ein Stern gehört zu ihr,
das ist das Licht
ihres Herzens.

Ein Wasserspiel im Fluss des
Erde, es findet keinen Halt.
Es singt, es klingt
wie liebliche Glöckchen und
ist doch aus einer Hand.
Es wechselt sich, es strömt
hindurch, belebt und findet
Ruhe, erzählt von vorn,
und wendet sich im Bett
des großen Meeres.

Glockenspiel.
Ein neuer Morgen.
Den Tau, ihn trinkt die
Sonne gleich.
Der alte Traum
Vergangenheit, schließt nach
sich seine Türen.
Wohin der Blick auch
schweifen mag, grün erzählt
in manch schönen Tönen
und mancher Ton
so lieblich klingt, als wäre
er ein König.

Goldene Krone auf ihrem
Haupt,
Schwingen aus purem Licht.
Trägt einen Kelch
mit Harmonie, schenkt Mut
und Zuversicht.

Das Berühren zweier Seelen
in Liebe ist auch Glück. Das
Finden und fühlen
beinhaltet den Weg
dorthin, wer es mag.

Rosen erblühen im Kelch,
der Fülle birgt· Wasser
umspielt zarte Wurzeln·
Durchströmt ganz leise ein
Frühlingsbeet·
Bunte Farben wehen,
wirbeln, Sterne glänzen,
Himmelspost, unerwartet
schön·
Bestimmt ist nichts, doch
die Fügung verrät, ob ein
Seerosenteich
immer erblüht·

Im grünen Kleid erwacht,
gedreht am Sonnenrad der
Welt, das Schicksal spricht.
Erfahren, allein ist sie
nicht, auch mit Tausend
bunten Strahlen,
darf sie gemeinsam Glück
erfahren.
Nie gewinnen um jeden
Preis, nur um der Liebe
Gefühl.
Das ist es, was sie weiß,
das ist ihr Ziel.

Auf seinem Rücken, seiner
Kraft, sitzt sie mit der
ihren·
Ihr Herz erzählt
von Leidenschaft, das seine
ist das ihre·
Er brüllt, er schmust, sie
windet sich, erfährt der
Liebe Lust· Die Seelen
fühlten einst darum,
deshalb kam der Schluss·

Sie flüstert "Liebe mich"
erzähle mir vom Rot der
Nacht·
Er verspricht ganz
kriegerisch "Ich halte dich
für immer im Arm·"
Sie vergnügt, tanzt sogleich
mit einer Freudenperle im
goldenen Haar·
Glück
ist so verschwenderisch,
der Kelch in ihrer Hand·

Goldene Stufen führen
hinauf, Seide weht
wie silberne Schwingen·
Pyramiden Liebeslauf, Feuer
wacht über manche Dinge·
Grüne Zeit, du heilst die
Welt auch auf eine Weise
die sich Wunder nennt·
Weiter, immer weiter
führen die Stufen hinauf
zum Licht, vereinen sich in
goldenen Zeiten·

Es schwingt, es ändert, es
klingt, gelingt,
der Wechsel, die Wandlung,
immer weiter·
Perlen die am Kelchessrand
rinnen hinab, fangen auf
das Licht der Heilung·

Vier tiefe Seen
in den Kelchen,
sie erstrahlen in dieser
Welt.
Berühren sanft
den anderen, fangen,
doch lassen sich wieder frei.

Zerbrechliche Stille,

flüstert leise,

"Jedes Wort

ist eine Reise."

Mit wehender Mähne im
grünen Kleid, reitet er wie
der Wind.
Zwischen zwei Flügeln
Silberschein, ein Kelch in
seiner Hand.
Tropfen gehen nie verloren,
sinken sie auch hinab.
Der gelben Sonne
Lichterstrahlen holen sie
überall ab.
Lasse ihn springen, auch
fliegen einmal, sei es auch
gegen den Wind.

Engelslichter behüten ihn,
sie beten und singen im
Reigen ein Lied
"Der Kelch, der Kelch er ist
mit Gutem nur gefüllt."

Aus tiefer See im alten
Grund erwuchs ein neuer
Baum·
Er trug ein Blatt mit
sattem Grün, sie sah es
wohl nur kaum·
Ein Feuer entfacht, am
Ufer Flammen, zwei Seelen
flüsterten
"Wasser, Wasser·"
Die Nacht begann, das
Sternenzelt barg manche
Gäste, doch einen barg sie
nicht·

Sein Herz so schwer vor
Einsamkeit, doch weinen
versprach Licht.
Und silbern zog der Mond
vorbei, an manchem Gast
der Nacht, erhellte sein
Lachen, sein Gesicht, er
hatte es geschafft.

Grüne Kleider tragen sie,
Nuancen
einfach wunderschön·
Ihre Kelche übervoll mit
schönen Liebesliedern·
Berührung leise,
manchmal still·
Sein Herz ein weiches Grün,
das ihre impulsiver·
Und wenn er einen Wunsch
frei hätte, sie müsste es
sein, nur sie· Und wenn sie
sich etwas wünschen

dürfte, dann das er sie
wirklich einmal liebte.

Seine Lieder erklingen im
Rausch des Lebens, sie
erhören viele, nur eine nie·
Manchmal wenn sie sich so
erinnert, empfängt sie eine
Melodie·
Sie summt, sie schmunzelt,
sie tanzt sogar, doch zieht
sich wieder zurück·
Sein Verstehen wunderbar,
sie weiß, er hatte Glück·

Glitzernder Pfeil
am Himmelsblau durchflog
Raum und Zeit·
Bogen gespannt in Rot und
Grün, weiße Wolken
schwebten vorbei·
Kind und Kind blickten in
die Ferne, lichte Momente
wurden viel·
Gelassenheit ohne Ende,
schwammen sie noch in
blauer See?

Umgeben von Grün, das
wuchs und erblühte, weißer
Vogel flog herbei.
Setzte sich nieder an das
Ufer zur sachten Welle,
und wenn der Rosa Traum
erwachte, blieb ein Arm in
Armgefühl.

Gebreitet die Flügel
in Silber getaucht.
Regenbogensonne.
Goldener Blick ins
Morgentau, Grüße aus
einstiger weiter Ferne.

Heraus seine Schritte aus
einem kalten Schatten·
Laufen gelernt
mit viel Gefühl·
Silberlichter geleiteten ihn
in diesen Tagen,
helles Licht am Horizont,
hell ist die Stunde
des Gelingens·
War auch Angst
im Untergrund, diese wird
ihn nie besiegen, er lernte in
Vertrauen, sein Leben, das
ist Liebe·

Auf blauen Wellen steht sie
bereit, ein Flügelschlag ganz
zart.
Hände sie berühren sich,
berühren die Welten ganz
leise.
Rote Blume, grünes Kleid,
ihr Haar es leuchtet golden,
und setzt sie auch
nur einen Schritt auf die
schöne Muttererde,
sinkt in der Welt das Böse
nieder in ein tiefen Schlaf,
ward nie wieder erweckt.

Still schmiegte sie sich an
des Engels Flügel,
er glänzte so sehr
im Sonnenlicht·
Himmelsweite blaue Welle,
tiefer Blick ins Silberreich·
Harfenspiel, lieblich Ton, sie
hörte mit ihrem Herzen·
Ihr Glaube unerreichbar
weit, liebe Seele,
Blütenzeit auf der schönen
Mutter Erde·

Grüne Ebene, alter Baum,
unter seiner grünen Krone,
sitzen sie gelehnt an seiner
festen Haut.
Ihre Hände berühren zart
die Herzen,
und auch Seelen.

Silberlicht gesellt sich dazu,
schmiegt so schöne Pläne.

Auf rauen Fels in blauer
Welle, wartet sie geduldig.
Ihr graues Kleid,
ein Regenschauer,
nichts dauerte ewig.
Gedanken blieben in der
Ferne, gutes Gefühl
nur ist im Fluss.
Und senkt die Sonne sich
auf die Welle, ist sie schon
in Sicherheit.

Es fühlt sich an wie im Pa-
radies, die Farben, dieses
Leuchten·
Silber Flügel schwingen leise
hinauf hinab, ohne Rahmen·
Weiße Blüten
in ihren Haaren,
Musik erklingt
so wunderbar und wenn sie
singen in einem Reigen,
erzählen sie mancher Welt
von Heilung sogar·

Sie stehen beisammen im
hellen Schein, berühren sich
im Gefühl·
Goldene Haare zieren sie,
der Silbermond
schaut ihnen zu·
Ihre Flügel breiten sie in
der Abendsonne, verweilen
in Liebe durch die Nacht,
bis der Morgen sanft
erwacht und fühlen sich
in Liebe·

Sie blicken auf sie in der
Nacht, die wolkenfrei und
Silber·
Beten, senden Licht zu ihr,
das sie geheilt in Liebe
weilt·
Doch wann
wird dies geschehen?
Blaue Meere, grüne Gürtel,
braune Muttererde weich·
Deine Berge, deine Täler,
durchstreift der Wind ganz
leise·

Das Sternenzelt über dir,
es wünscht sich eine Reise,
die umgekehrt als bisher,
dir Frieden schenkt
für jeden, der dich Heimat
nennt und ehrt.

Von Marion Jana Goeritz ebenfalls beim Verlag BoD erschienen (BoD Books on Demand, Norderstedt, nähere Informationen finden Sie unter www.BoD.de)

„Liebe für die Seele Band 1"
ISBN 978-3-7357-4045-8

„Liebe für die Seele Band 2"
ISBN 978-3-7357-7734-8

„Seelenweiß"
ISBN 978-3-7347-5769-3

„Seelen essen Liebe gern"
ISBN 978-3-7347-8706-5

„SeelenEngel"
ein spiritueller Erfahrungsbericht
ISBN 978-3-7386-2588-2

„SeelenSchlüssel"
ISBH 978-3-7386-3844-8

„Seelenfarben"
ISBN 978-3-7386-3947-6

„Seelenschimmer"
ISBN 978-3-7386-4014-4

„Seelenfinden"
ISBN 978-3-7386-4037-3

„Ein Gefühl meiner Seele"
ISBN 978-3-7386-1506-7

„Seelenfrieden" Danken, Bitten, Entspannung ein persönlicher Erfahrungsbericht
ISBN: 978-3-7386-4884-3

„Seelenweihnacht"
ISBN: 978-3-7504-9858-7

„Im Land unter dem Regenbogen" Wunderbare Märchen und unglaubliche Geschichten
ISBN: 978-3-7392-0115-3

„Freddy und seine Geschichten"
ISBN: 978-3-7386-3321-4

„SeelenWorte"
ISBN: 978-3-7392-0455-0

„Herzanker"
ISBN: 978-3-7392-3482-3

„Im Fluss der Liebe"
ISBN: 978-3-7392-3489-2

„Seelenklänge"
ISBN: 978-3-7392-3532-5

„Liebeslied"
ISBN: 978-3-7392-3548-6

„Wahre Traumtänzerin"
ISBN: 978-3-7392-3556-1

„Emilia Sommerfeld"
ISBN: 978-3-7392-3787-9

„Für mich war es Liebe"
ISBN: 978-3-8423-5362-6

„Kaleidoskop"
ISBN: 978-3-8423-5738-9

„Die verzauberte Wiese"
ISBN: 978-3-7412-0772-3

„Seelenbrücke"
ISBN: 978-3-7412-0890-4

„Wetterleuchten"
ISBN: 978-3-7412-2740-0

„Zentrifuge"
ISBN: 978-3-7412-4011-9

„Für Dich"
ISBN: 978-3-7412-4018-8

„Hannos Geschichten"
ISBN: 978-3-7412-9373-3

„Das Eulenherz"
ISBN: 978-3-7431-0009-1

„Eine Reise irgendwo hin"
ISBN: 978-3-7421-0042-8

„Ist das wirklich wahr?"
ISBN: 978-3-7431-1549-1

„Stille Momente"
ISBN: 978-3-7431-1586-6

„Engelszwirn"
ISBN: 978-3-7431-1594-1

„Anders"
ISBN: 978-3-7448-3582-4

„Wenn es spricht"
ISBN: 978-3-7448-3583-1

„Jonas und die Himmelsleiter"
ISBN: 978-3-7448-5452-8

„Farbenregen"
ISBN: 978-3-7448-5453-5

„Wellenfarbe"
ISBN: 978-3-7448-7311-6

Blanchefleur
ISBN: 978-3-7448-7415-1

„Winterzauber"
ISBN: 978-3-7448-9885-0

„Seele was denkst du dir?"
ISBN: 978-3-7448-9937-6

"Der Südwind
 der aus dem Norden kam"
ISBN: 978-3-7448-8206-4

"Erinnerungsblick"
ISBN: 978-3-7460-1281-0

„Mosaik" Gefühle und Gedanken
Gedichte
ISBN:978-3-7460-1320-6

„Begegnung"
ISBN: 978-3-7460-9595-0

„Sternenozean"
ISBN:978-3-7460-9685-8

„Himmelsstern"
ISBN: 978-3-7528-5012-3

„Mut verspricht Lebendigkeit"
ISBN: 978-3-7528-5071-0

„Liebeswort-Gedichte"
ISBN: 978-3-7528-6639-1

„Wenn Schiffe wandern"
ISBN: 978-3-7528-6655-1

„Bunte Federstriche" Gedichte
ISBN: 978-3-7481-0960-0

„Himmelblau und Sonnenreich"
Tierseelengeschichten
ISBN: 978-3-7481-3289-9

„Durchreisen"
ISBN: 978-3-7386-5903-0

„Grüne Traummusik"
ISBN: 978-3-7392-4925-4

„Bewegung"
ISBN: 978-3-7481-4013-9

„Wolken am Himmelsrand"
ISBN: 978-3-7494-8219-1

„Schrittweise"
ISBN 978-3-7448-0116-4

„Das grüne Kleid im Labyrinth"
ISBN: 978-3-7504-0490-8

„Zweiundzwanzig Wegboten"
ISBN: 978-3-7504-0676-6

„Lamberts schönster Wunsch"
ISBN: *978-3-7504-5232-9*

„Die wunderbare Josepha"
ISBN: 978-3-7504-5232-9

„Schmetterlingszeit: ein Geschenk ist erkannt"
ISBN: 978-3-7519-3282-0

„Willkommen im Leben" Gedichte
ISBN: 978-3-7519-3394-0

„Blauer Diamant auf Seelengrund"
ISBN: 978-3-7519-5608-6

„Leises Warten im Advent"
ISBN: 978-3-7519-5575-1

„Ein Hauch von Lila-Violett"
ISBN: 978-3-7519-8994-7

Weitere Informationen zu allen meinen Büchern oder zu Neuerscheinungen finden Sie immer auf meiner Seite
www.buchkaleidoskop.Reikipraxis-Goeritz.de